Kleine
Liebhaber-Bibliothek

TEE

von
Inge Ubenauf

BASSERMANN

ISBN 3 8094 0619 8

Umschlaggestaltung: Digital Design Borgers, Hünstetten/Wallrabenstein
Titelbild: BAVARIA, Photo Shot, Gauting
Fotos: Archiv; Archiv für Kunst und Geschichte, Berlin; Bildarchiv Preuß. Kulturbesitz, Berlin; Carla Damler, Taunusstein; Das Deutsche Teebüro, Hamburg; dpa, Frankfurt am Main; Claus Hausmann, Stockdorf; J.T. Ronnefeldt, Frankfurt am Main
Redaktion für diese Ausgabe: Simone Hoffmann
Herstellung für diese Ausgabe: Norbert Happel

Gesamtkonzeption: Bassermann'sche Verlagsbuchhandlung, D-65527 Niedernhausen/Ts.

022010284X817 2635 4453 6271

INHALT

TEE MODERN – EIN ALTES GETRÄNK IST HEUTE GANZ »IN«

Tee zählt neben Wein zu den ältesten Getränken. Und über Jahrtausende hinweg haben wir unsere Vorliebe für den Tee nie verloren. Zwar stand der duftende Trank zu verschiedenen Zeiten an unterschiedlicher Rangfolge in den einzelnen Ländern, doch Tee war immer in Mode.

Heute erfreut sich der Tee einer seit Jahren wieder wachsenden Beliebtheit, denn wenn in den Zeiten hektischen Wirtschaftswunders und hetzender Betriebsamkeit für Teepausen die rechte Muße nicht gegeben schien, so hat mit der Rückbesinnung auf Geruhsamkeit und schöpferische Pausen auch der

Eine Hand voll gepflückter Teeblätter.

Tee seinen Rang zurückgewonnen.
Tee, so haben Umfragen ergeben, wird mit Begriffen wie Geborgenheit und guten Gesprächen, mit Kaminfeuer, Behaglichkeit und Schaukelstuhl, mit Ruhe, Entspannung und Wärme in Verbindung gebracht. Tee braucht Zeit, denn Tee gehört – wie Wein – zu den Genüssen, die man eigentlich nicht im Stehen zu sich nimmt. Beim Tee möchte man sich setzen und die gute Atmosphäre genießen, die der Tee hervorruft.
Tee ist auch längst nicht mehr nur das Getränk der älteren Damen – gerade junge Menschen haben die anregenden Wirkungen der Teestunde ent-

Verschiedene Dosen mit Aromatees.

deckt: wie sich beim Tee Gedanken entwickeln, Gespräche in Fluß kommen, Ideen geboren werden. Und die jungen Leute waren es auch, die dem Tee neue/alte Impulse gaben – mit den vielen aromatisierten Teesorten, die allenthalben angeboten werden. Denn auch diese Aromatees sind so neu nicht – finden sie sich doch schon in den Frühzeiten chinesischer Teekultur.

Wer Tee richtig genießen möchte, sollte sich ein wenig näher mit ihm beschäftigen. Denn wie die Liebe zur Musik die Liebe des Wiedererkennens ist, wie ein Bild erst zu seinem Betrachter spricht, wenn man es wieder und wieder anschaut, so entfaltet der Tee seine wahren Düfte und wirklichen Qualitäten, wenn man sich ihm mit der rechten Muße widmet.

TEE SAGENHAFT – WAS DURCH JAHRTAUSENDE ÜBERLIEFERT WURDE

Die Geschichte des Tees reicht so weit in die Frühgeschichte der Menschheit zurück, daß den Ursprüngen gar nicht mehr nachzuspüren ist. Was uns aus den fernöstlichen Wiegen der Teekultur überliefert wurde, sind Mythen. Denn um alles, was dem Menschen seit Anbeginn seiner Tage unersetzlich scheint, haben sich Legenden, Sagen, Märchen und Überlieferungen gerankt. So auch um den Tee.

Aus China kommt die Legende vom Kaiser Shen-Nung. Fast 3000 Jahre vor unserer Zeitrechnung lagerte er mit Freunden im Freien. Im Schatten eines Baumes mit saftig-immergrünen Blättern brannte ein Feuer, über dem in einem Kessel Wasser erhitzt wurde. Das Feuer dörrte einige der Blätter an den langen Zweigen, mit denen man die Flamme nährte.

Zusammenkunft in einem chinesischen Club (19. Jh.).

Stampfen des Tees in China (um 1800).

Fermentierung des Tees in China (um 1800).

Plötzlich wirbelte ein Windstoß diese getrockneten Blätter auf und ließ sie in den Wasserkessel wehen. Golden färbte sich des Kessels Inhalt, ein reizvoll-sanfter Duft entströmte ihm – und voll Entzücken war der Kaiser, nachdem er von dem Trank gekostet hatte. Und schon bald fühlte Sheng-Nung auch die belebende Wirkung und nannte die zufällige Entdeckung „T'sa", was sowohl „das Göttliche" als auch „das Erleuchtende" heißen kann.

In Indien war es der Sage nach der Fakir oder hohe geistliche Würdenträger Dharma, der um 500 nach Christus das Gelübde getan hatte, sieben Jahre lang nicht zu schlafen. Fünf Jahre schon hatte er sich wachend in die Allgegenwärtigkeit des Höchsten versenkt, als die Müdigkeit ihn doch noch zu übermannen drohte. Er hielt sich an den Zweigen des Baumes aufrecht, unter denen er fast entschlummert wäre. Er brach ein paar der fleischigen

Teesortierer in Kanton (1873).

Blätter ab, um auf ihnen zu kauen. Und schon verspürte Dharma die belebende Wirkung der Blätter, seine Müdigkeit war verweht.
Japan, das über Korea mit der Teekultur in Berührung kam, hat eine eigene Überlieferung. Auch sie datiert zurück auf die Zeit um 500 nach Christus. Da ist es der Büßer Bodhidarma, der sich siebenjähriger Meditation verschrieben und für die Dauer dieser Zeit dem Schlafe abgeschworen hatte. Dennoch war er eines Nachts in Schlummer gefallen. Voller Zorn über seine Schwäche und getrieben von dem Willen, sich nicht mehr vom Schlaf übermannen zu lassen, schnitt er sich beim Erwachen die Augenlider ab und warf sie auf den Boden. Doch kaum hatten die blutigen Hautfetzen die Erde berührt, schlugen sie Wurzeln und wuchsen zu einem mächtigen Strauch. Als der Büßer im Licht des folgenden Tages das Wunder gewahr wurde, schnitt er einige der Blätter ab und bereitete sich einen Trank daraus.

Die japanische Teezeremonie (Foto, um 1880).

Gütekontrolle in einer chinesischen Teehandlung (Foto, um 1870).

Wer von dem wundersamen Strauch erfuhr, kam ebenfalls, um sich von der Verwandlung der Augenlider in einen immergrünen Strauch zu überzeugen. Und alle wurden der belebenden, schlafvertreibenden Wirkung des Tranks teilhaftig, der aus den Blättern dieses Strauchs gewonnen wurde. Duft und Geschmack des Getränks waren zudem so überzeugend himmlisch, daß keinerlei Zweifel an der Göttlichkeit der Gabe erlaubt schienen.

Bis heute hat es sich übrigens erhalten, daß im Japanischen Wort und Schriftzeichen für Augenlid und Tee ein und dasselbe sind.

Der aufgeklärte „Westener“ in Europa oder Amerika kann nur versuchen, den geheimnisvollen Zauber, der in diesen Sagen liegt, nachzuempfinden: indem er Tee trinkt und dessen frühgeschichtlicher Herkunft in Aroma, Duft, belebender und die Gedanken beflügelnder Wirkung nachzuspüren versucht.

TEE HISTORISCH – WIE DIE FERNÖSTLICHE KÖSTLICHKEIT DIE WELT EROBERTE

Um 2700 vor Christus wird der Tee zum ersten Mal schriftlich erwähnt: in China. Und auf China blieb er zunächst beschränkt, bis buddhistische Mönche ihn im 5. Jahrhundert n. Chr. auch nach Japan hinüberbrachten. Doch Tee in unserem Sinne war es noch nicht. Meist wurden die grünen Teeblätter gedämpft, zerstoßen, zu Suppe oder Sirup verkocht und mit Salz, Zwiebeln sowie Orangenscheiben gewürzt.

Im 8. Jahrhundert unserer Zeitrechnung setzte der Chinese Lu-Yu Tee und Geist in eine feste Beziehung zueinander und schuf mit seinem „Buch vom Tee" eine bis heute gültige „Heilige Schrift der ostasiatischen Teetrinker".

Nochmals fast 800 Jahre später, zu Beginn des 17. Jahrhunderts, kam der Tee nach Europa:

Über den Landweg erreichte er Rußland, und auf dem Seeweg brachten ihn zunächst die Holländer ins Abendland. 1610 wurden die ersten Teekisten in Amsterdam aus einem Schiff der mächtigen Holländisch-Ostindischen Kompanie ausgeladen.

Es war grüner Tee, und die Ärzte nahmen sich enthusiastisch des neuen Stoffes an. Sie priesen seine Eigenschaften in höchsten Tönen, vor allem die blutverdünnende Wirkung des Tees. Bis zu 200 Tässlein täglich wurden manchem Patienten verordnet.

Von Holland aus erreichte der Tee das britische Inselreich, auf dem bis dahin vornehmlich Kaffee getrunken wurde. Doch schon 1651 verlangte die vom Londoner Parlament beschlossene „Navigationsakte“, daß Tee nur noch auf den eigenen Schiffen ins Land gebracht werden dürfe, vornehmlich auf denen der englischen Ostindien-Kompanie.

In London und Umgebung entstanden Tee-Gartenwirtschaften, in denen man sich traf. Das neue Getränk wurde zum Ersatz für mancherlei Alkohol, der bis dahin schon am frühen Mor-

Schiff der Holländisch-Ostindischen Kompanie.

gen gern und viel getrunken wurde.

Aus Frankreich berichtete der Staatsmann und Publizist Mirabeau beobachtend: „Tee und Kaffee haben dem Laster der Trunkenheit stärkere Schranken gesetzt als die Lehren der Moralisten, die Wissenschaften und die Aufklärung."

Doch der Tee führte auch zu politischen Umwälzungen. Zwar hatten noch die Holländer den Tee nach Amerika gebracht, doch erst die Briten versuchten, aus ihren transatlantischen Kolonien durch hohe Teesteuern möglichst viel Geld herauszuholen. Die amerikanische Unabhängigkeit begann

Boston Teaparty 1773.

damit, daß eine Ladung Teekisten zerhackt in den Bostoner Hafen geworfen wurde: 342 Kisten kostbaren Chinatees zerwirbelten im trüben Wasser. Doch ohne die „Boston Teaparty" keine USA . . .

England aber blieb die führende Teehandelsnation und galt Ende des 18. Jahrhunderts als der Mittelpunkt des Welt-Teehandels, mit rund 30 000 Tee-Groß- und -Einzelhändlern.

In Deutschland hatte der Tee schon 1632 seinen Einzug zu halten versucht, doch er stieß auf wenig Gegenliebe. Zwar war der Kaffee teuer, doch lieber als den aromatischen Tee tranken die Deutschen Kaffee und später Kaffeesurrogate aus Gerste und Zichorie.

In Apothekerordnungen wird Tee in Deutschland erstmals 1650 und 1666 erwähnt. Einen zaghaften Durchbruch schaffte das fernöstliche Getränk in Adelskreisen und im begüterten Bürgertum, nachdem publik geworden war, daß die Gichtleiden des Großen Kurfürsten (1640–1688) dank reichlichen Teekonsums hatten gelindert werden können. Aber noch 1722 gab es in Deutschland nur eine einzige Teesorte; 1750 waren es dann schon sieben.

Daß die Ostfriesen eine besondere Zuneigung zum Tee hegen, wird ihrer geografischen und nationalen Nähe zu Holland zugeschrieben. Früh bekamen sie – oft in holländischen Schiffsdiensten – Kontakt zu Importen aus Fernost. Die Wohlhabenheit der Marschenbauern und ihre Offenheit für Fremdes verhalfen dem Tee zum Triumph. Noch heute trinken die Friesen pro Jahr und Kopf ihre 3000 g Tee, während der Durchschnittsdeutsche es noch nicht einmal auf 300 g bringt.

TEE GEOGRAPHISCH – WO WELCHE SORTEN ANGEBAUT WERDEN

Tee gedeiht auf einem breiten Gürtel nördlich und südlich des Äquators. Der Teestrauch ist aber anspruchsvoll und verlangt ganz ausgeprägte klimatische Bedingungen und Bodenverhältnisse, so daß die Anbaugebiete für Tee innerhalb des ausgedehnten Gürtels wieder auf ganz bestimmte Regionen eingeengt werden.

Zwischen 30° südlicher und 45° nördlicher Breite gedeiht der Tee, wenn ein durchgehend warmes und feuchtes Klima gegeben ist, wenn die Niederschläge sich ziemlich gleichmäßig über das ganze Jahr verteilen, wenn die Regenmengen schnell abfließen oder versickern können und keine Staunässe verursachen und wenn schließlich lockerer, humusreicher Boden vorhanden ist, in dem sich die bis zu 6 m langen Pfahlwurzeln der Teepflanze verankern können. Viele „wenns", und so hat es sich ergeben, daß Versuche, den Tee sowohl in Nordamerika als auch in Europa heimisch zu machen, vergebens waren. Der immergrüne Strauch wächst heute vornehmlich in Indien, Sri Lanka, Indonesien, China, Japan und Südrußland. Daneben wird Tee in ostafrikanischen Ländern wie Kenia, Malawi, Tansania, Uganda und Moçambique angebaut, und er wächst in Vietnam, Taiwan, Malaysia, Bangladesch und Pakistan, im Iran, in der Türkei – vereinzelt auch auf

Teeanbaugebiete.

Neuguinea und in Südamerika. Immer aber gedeiht er in diesen Regionen am besten, wenn er in Höhenlagen bis zu 2500 m angebaut wird. Dann sind zwar die Ertragsmengen etwas geringer, die starke Sonneneinstrahlung mit hohem Ultraviolettanteil bewirkt jedoch ein intensiveres Aroma.

Doch der Tee verträgt auch Frosttemperaturen bis −13° C, so daß er am südlichen Kaukasus gedeihen kann – wenn auch hier robustere Sträucher angepflanzt wurden, als sie in den tropischen und subtropischen Regionen verwendet werden. Immerhin wachsen hier rund 95% der Teemenge, die in der Sowjetunion geerntet wird. Da hier die Teesträucher auf flachen, großen Feldern und nicht in hügeliger Gebirgslandschaft wachsen, wurde mit einer „Sarkartwelo“ eine Teeschneidemaschine entwickelt, die – wenn auch nicht so sorgfältig wie von Frauenhand – Teeblätter maschinell erntet.

Botanisch ist die Teepflanze einfach einzuordnen. Sie geht auf die der Kamelie verwandten Arten *Thea sinensis* (Chinatee) und *Thea assamica* (Assamtee) zurück. Beide haben dunkle, immergrüne, lederartig-glänzende Blätter, kurzgestielt und an den Rändern stark gezähnt. Der chinesische Teestrauch wird – auch wild – nicht höher als 3–4 m. Der Assamtee dagegen wächst wild zu einem stattlichen Baum heran, erreicht normalerweise 8–15 m Höhe, kann es aber auch bis zu 30 m schaffen. Allerdings sind die heutigen Teepflanzen – mit wenigen Ausnahmen in China und Japan – Kreuzungen beider Arten, die in jahrzehntelanger Züchtungsarbeit entwickelt wurden: zur Assamhybride.

Die Teesträucher müssen 2

Vom Steckling bis zur Jungpflanze.

oder 3 Jahre alt sein, bevor von ihnen zum ersten Mal Teeblätter gepflückt werden können. Dann bleiben sie für 25–30 Jahre ertragreich. Um möglichst reiche Ernten zu erzielen und die Arbeit der Pflückerinnen zu erleichtern, werden die Teesträucher regelmäßig auf Höhen zwischen 80 und 120 cm zurückgeschnitten. Alle Kraft soll in die Teeblätter, besonders in die jungen Triebe, gehen.

Assam, am Fuße des Himalaja und zu beiden Ufern des Brahmaputra in Nordindien gelegen, ist das größte zusammenhängende Teeanbaugebiet der Erde. Hier wird ein würzig-malziger Tee mit sehr kräftiger Tassenqualität gewonnen. Dagegen kommen aus dem Darjeelinggebiet, an den Südhängen des Himalaja und bis zu 2800 m hinauf, die in ihrer Zartheit kaum zu übertreffenden und dennoch ausgeprägten aromatischen Teesorten.

Teeplantage in Assam unter Gummibäumen.

Ceylon wiederum liefert einen Tee, der in vielen Abstufungen farblich zwischen Assam- und Darjeelingtee liegt, ein ganz spezielles Aroma aufweist und durch einen stählernen, herbfruchtigen Geschmack gekennzeichnet ist, wie es die Teefreunde in ihrer (dem Wein vergleichbaren) Sprache nennen.

Ceylon – unter Teeliebhabern bleibt es bei dieser geografischen Bezeichnung, obwohl das Land sich längst in Sri Lanka umbenannt hat – ist mit einer ganz besonderen Teehistorie verbunden, denn in Ceylon sind die Teepflanzungen erst etwa 100 Jahre alt. Vorher war Ceylon, britische Kolonie, nach Brasilien der zweitgrößte Kaffeeproduzent der Erde. Und wegen Ceylon zählten die Briten bis dahin auch zu den größten Kaffeetrinkern Europas.

Buchstäblich über Nacht wurden die Kaffeeplantagen auf zweifache Weise vernichtet: Die urplötzlich aus dem Dschungel aufgetauchte Kaffeeratte fraß Blätter, Zweige und später auch die Stämme der Kaffeebäume; der Rostpilz vernichtete, was von den Ratten übriggelassen worden war. 1900 war es mit der Bedeutung Ceylons als Kaffeelieferant vorbei.

Teepflückerinnen bei der Arbeit.

Ein junger Schotte, James Taylor, war der einzige, der sich von der doppelten Plage nicht

hatte zur Verzweiflung und Auswanderung treiben lassen. Er versuchte es mit Tee und riet den anderen, seinem Beispiel zu folgen. Lange experimentierte der Ceylon-Schotte mit den verschiedensten Teehybriden, und seine Geduld wurde durch Erfolg belohnt: Ceylontee erbrachte gute Erträge eines vollmundig-herben Geschmacks, der sich schnell weiten Zuspruchs erfreute. In den drei Anbaugebieten Uva im Osten, Dimbula und Dickoya im Westen und Nuwara Eliya im Hochland werden heute Teemengen geerntet, die Ceylon – nach Indien – zum zweitgrößten Tee-Exporteur der Erde gemacht haben.

Ceylon und Indien liefern zusammen 60% der Mengen an schwarzem Tee, die in der Welt getrunken werden. Tee beherrscht heute nicht nur die Wirtschaft, sondern auch das tägliche Leben auf Ceylon. Mehr als 30% der Bevölkerung leben mit und vom Tee, der auf den etwa 2400 Teeplantagen reift.

TEE PRODUKTIV – AUF WELCHE WEISE AUS GRÜNEN BLÄTTERN SCHWARZER TEE WIRD

In irgendeinem Teeanbaugebiet der Erde wird zu jeder Jahreszeit Tee geerntet. Im Westen von Ceylon von Dezember bis Februar, im Osten der Insel von Juli bis Oktober, im zentralen Hochland sogar ganzjährig. Ganzjährig wird Tee auch in China geerntet, während zum Beispiel in Assam und Darjeeling der begehrte „first flush" zwischen Ende Februar und Anfang Mai, der robustere „second flush" von Ende Juli bis in den Herbst gepflückt werden kann.

Die grünen, frischen Teeblätter sind völlig geruchlos, wenn sie von fleißigen Frauenhänden in mühsamer Handarbeit ge-

Pflückende Ceylonesin.

pflückt werden. Immer die zwei jüngsten Blätter und die behaarte Blattknospe werden genommen („Two leaves and the bud" lautet die englische Teeregel) und über die Schulter in den Sammelkorb oder das tradtionelle Sammeltuch geworfen.

„Two leaves and the bud".

Teefabrik.

Um lange Transportwege des empfindlichen Teeblattes zu vermeiden, wurden mitten in die großen Teeplantagen Teefabriken gebaut, in denen die Blätter eine aufwendige Prozedur durchlaufen, damit sie später ihr köstliches Aroma entfal-

Wiegen des grünen Blattes auf der Plantage.

ten können. Zwei- bis dreimal täglich werden die frisch gepflückten Blätter von Sammelstellen zur ersten Produktionsstation gebracht: Ausgebreitet auf netzbespannten Horden müssen sie 14–18 Stunden lang (oder knapp 12 Stunden unter Ventilatoren) welken. Die lederartigen Blätter werden dabei weich und biegsam.

Beim Rollen in Rollmaschinen werden anschließend die Zellwände der gewelkten Teeblätter aufgebrochen, Zellsaft und Blattfleisch kommen mit dem Sauerstoff der Luft in Berührung – dadurch beginnt die Oxydation, in der Teesprache „Fermentation" genannt. In der Rollmaschine werden die Teeblätter aber auch zu kleinen spindelartigen Körpern zertrennt – je länger der Rollvorgang und je häufiger er wiederholt wird, um so kleiner werden die Blatteilchen, in die das Blatt zerbrochen wird – aus dieser Produk-

In modernen Teefabriken werden Welkströge von 20–40 m Länge benutzt, die mit einer Gebläseanlage belüftet werden.

Das grüne Blatt wird in Rollmaschinen gerollt, mit und ohne Druck.

Nach dem Rollen wird das zusammengepreßte grüne Blatt durch Rüttelmaschinen aufgelockert und in verschiedene Größen ausgesiebt.

Bei der Fermentation verbindet sich der austretende Zellsaft mit dem Luftsauerstoff.

tionsstation stammt der Ausdruck „broken". Zwischendurch wird schon hier ausgesiebt, um die verschiedenen Blattgrößen erstmals zu trennen.

Beim Fermentieren wird der begonnene Oxydationsprozeß fortgesetzt. In speziellen Räumen werden die Teeblätter in etwa 15 cm dicken Schichten bei bis zu 40° C einer Luftfeuchtigkeit von 98% ausgesetzt. Dabei nehmen sie eine braun- bis kupferrote Färbung an. Zugleich wird während dieses 2- bis 8stündigen Prozesses der Gerbstoffgehalt der Blätter stark reduziert. Hier entfaltet sich erstmals das Aroma, das den Tee weltweit so beliebt macht. Bei einer Temperatur von etwa 85° C werden die so fermentierten Teeblätter anschließend getrocknet, wobei sich der Wassergehalt auf nur noch 5% reduziert. Der Zellsaft wird buchstäblich „eingetrocknet", und die kupferrote Farbe verändert sich in das Schwarz, das uns von den Teeblättern her vertraut ist – erst in der Teekanne kehrt das Kupferrot noch einmal zurück. Durch Siebe mit unterschiedlicher Maschenweite erfolgt dann das Sortieren nach Blattgraden. Diese „grades“ aber sagen nichts aus über die Qualität des Tees, nur über die Größe der Blatteilchen.

In modernen Teeverarbeitungsanlagen werden statt des Rollvorganges CTC-Maschinen eingesetzt. In diesen wird das gewelkte Teeblatt nach der Methode CTC = Crushing (Zermalmen), Tearing (Zerreißen), Curling (Rollen) behandelt. Es kann entweder „broken“-Tee oder Fanningstee entstehen, niemals aber Blattee. Fermentation und Größensortierung erfolgen wie bei der altüberlieferten Verarbeitung. So oder so: 4 kg grüne Teeblätter ergeben am Ende 1 kg schwarzen Tee.

Durch das Trocknen wird die Fermentation unterbrochen und der Tee haltbar gemacht.

Mechanische Rüttelsiebe sortieren den Tee in die handelsüblichen Blattgrade.

Grüner Tee, wie er vor allem in China und Nordafrika getrunken wird, unterscheidet sich vom schwarzen Tee nur dadurch, daß er nicht den Fermentationsprozeß durchläuft. Nach dem Welken und vor dem Rollen werden die vorhandenen Teefermente durch starke Erhitzung unter Dampf zerstört. Dadurch färben sich die Blätter aber nicht kupferrot, sondern bleiben grün. Der Tee wird anschließend nur leicht gerollt und sofort getrocknet. In der Tasse ist er später sehr viel heller, fast zitronengelb, und im Geschmack wesentlich herber als schwarzer Tee.

Oolongtee, im Geschmack zwischen grünem und schwarzem Tee und in der Färbung grünlichschwarz, ist halbfermentiert – die Fermentierung wird also früher abgeschlossen. Diese Blätter zeichnen sich durch eine besonders grobe Struktur und durch ein sehr viel größeres Volumen aus.

Der grüne Tee und das fertige Produkt.

Grüner Japantee.

Doch am allerwichtigsten ist, wie die verschiedenen Teesorten dort schmecken, wo sie verkauft und getrunken werden sollen. Dafür werden kleine Geschmacksproben per Luftfracht an die großen Teehandelshäuser geschickt, wo sie von erfahrenen Teekostern, den „tea tasters“, auf ihren Geschmack hin geprüft werden. Zwar können einige Tees schon „ausgerochen“, das heißt mit der Nase vorgetestet werden, doch: „Man muß den Tee aus der Tasse probieren“, sagt Friedrich Rapp, einer der erfahrenen deutschen „tea taster“. Mit geschulter Zunge und einem ganz speziellen Schlürfen werden manchmal bis zu 200 Teemuster an einem Tag einer Vorprobe unterzogen, von denen dann vielleicht nur 40 Sorten für eine Finalrunde übrig bleiben. Daraus wird vom „tea taster“ dann eine Auswahl von 5–20 Sorten „herausgeschmeckt“, die ins Sortiment aufgenommen oder zu Teemischungen komponiert werden sollen.

Teekoster bei der Arbeit.

TEE WIRTSCHAFTLICH – NACH WIE VOR DAS BILLIGSTE GETRÄNK NACH WASSER

Durch viele Hände und zahlreiche Stufen der Bearbeitung muß der Tee gehen, ehe er zu uns gelangt. Und dennoch ist Tee nach Wasser immer noch das billigste Getränk. Knapp 2 Milliarden Kilogramm Tee werden pro Jahr auf der ganzen Welt produziert, davon allein in Indien rund 600 Millionen und auf Ceylon knapp 250 Millionen Kilogramm. Jedes einzelne Blatt muß gepflückt werden von Menschen, die dafür ihren – wenn auch geringen – Lohn erhalten. Die Blätter werden gesammelt und bearbeitet – und dennoch kostet der Tee bis hierher nur ein Bruchteil von dem, was später der Verbraucher dafür bezahlen muß.

Denn nun kommen die Maklerfirmen, die für die Teehandelshäuser in aller Welt kleine Proben der frisch fertiggestellten Teesorten nehmen, die per Luftpost in aller Eile zum Vorkosten an erfahrene „tea taster" der Teeimportfirmen gehen. Jede Partie muß auf ihren Geschmack hin getestet werden, dann erst kann der Agent im Herstellungsland den Auftrag bekommen, bei der Tee-Auktion diesen oder jenen Tee bis zu diesem oder jenem Festpreis zu ersteigern. Die Nachrichtenübermittlung und die Kontakte erfolgen per Telegramm, Telex oder Telefon.

Gelangen dann die bestellten Teekisten – als kostbare Schiffs-

ladung und hochversichert – an ihren Bestimmungsort, muß jede Partie erneut geprüft, das heißt gekostet werden, ob sie der vorausgeschickten Probe entspricht. Dann erst wird sie für eine Mischung mit anderen Teesorten freigegeben und dem Handel zugeführt.

Zuvor aber kommt Vater Staat, der die Teesteuer erhebt, die zumindest in der Bundesrepublik Deutschland gut 4 DM/kg ausmacht, wobei es sich um einen Gewichtszoll handelt: Wer teuren Tee bevorzugt, zahlt im Endeffekt dafür weniger an den Fiskus. Im Handel angekommen kostet der Tee nunmehr pro 100 g – je nach Güte und Beschaffenheit – etwa zwischen 2,50 DM für einfache und 15 DM für ausgefallene Spitzensorten. Im Schnitt aber bezahlt der Teetrinker für sein 100-Gramm-Päckchen orthodoxen oder aromatisierten schwarzen Tee um 5 DM. Je nach gewünschter Stärke des Getränks – abhängig von Sorte, Blattgröße, Wasserbeschaffenheit – sollte man daraus 50–65 Tassen Tee zubereiten können. Das heißt also, daß eine durchschnittliche Tasse guten Tees noch nicht einmal 10 Pfennig kostet. In anderen Ländern und anderen Währungen sieht das nicht viel anders aus.

Mit der Tatsache, daß die Erlöse für 1 kg Tee auf den Auktionen nicht im Verhältnis zum kargen Lohn der Teepflückerinnen und zum Verbraucher-Endpreis in den Importländern stehen, befaßt sich schon seit Jahren die Handels- und Entwicklungskonferenz der UNO.

Doch selbst, wenn die Teeländer etwas mehr für ihre Mühe erhalten würden, bleibt der Tee, was er ist: das billigste Getränk nach Wasser.

TEE AROMATISCH – WIE VIELE SORTEN ES GIBT UND WIE MAN SIE ENTDECKT

Aromatisierte Tees haben der Teekultur in jüngster Zeit zu einem ganz neuen Aufschwung verholfen. Sogar in England, dem traditionellen Land der klassisch-herben Tees, setzt sich – besonders bei der Jugend – der moderne Teegeschmack durch. Rund 100 aromatisierte Tees sind im Handel, von Aprikose bis Wildkirsche, von Banane bis Süßmandel. Meist aber handelt es sich um Schwarztee, um Grundmischungen guter Mittelsorten, die mit den entsprechenden Aromastoffen angereichert werden.

Wer jedoch meint, der aromatisierte Tee sei eine Erfindung unserer modernen Zeit, muß auf die vielgestaltige Tradition des Tees zurückverwiesen werden: In China findet sich seit Jahrhunderten ein Rosentee, bei dem Rosenblätter mit dem fertigen Tee vermischt werden. Auch der Jasmintee, ein Schwarztee mit Jasminblüten vermischt, gehört zu den uralten Teemischungen. Nicht zu vergessen die verschiedenartigen Rauchtees, die ihr spezielles Aroma durch das Räuchern über Knochen oder ausgewählten Hölzern erhielten.

Die meisten Freunde des weitverbreiteten Earl-Grey-Tees wissen nicht einmal, daß sie einen aromatisierten Tee trinken – er ist mit dem Aroma der Zitrusfrucht Bergamotte versetzt. Nur aus den Schalen der Zitrusfrüchte und aus den Blü-

Teemischung mit Rosenblättern auf modernem Mehrfarbenholzschnitt.

tenblättern der Rosen können ätherische Öle gewonnen werden, deren Konzentrat „stabil" genug ist, um in Verbindung mit dem Tee dauerhaft den speziellen Geschmack abzugeben. Bei exotischen Früchten, wie Mango, Kiwi oder Passionsfrucht, aber auch bei der heimischen Erdbeere muß das Naturaroma durch naturidentische Aromen verstärkt werden, um die nötige Stabilität zu erhalten.

Die hohe Kunst des Aromatisierens besteht darin, die Aromastoffe so auf den Tee aufzusprühen, daß sie bis in die Zellkerne der Teeblätter eindringen. Sonst kann sich der aufgesprühte Geschmack nicht so lange halten, wie es der Teetrinker verlangen darf: mindestens 1 Jahr.

Die bunten Beigaben jedoch, die mit dem importierten Schwarztee beim Aromatisieren im Verbraucherland vermischt werden, „die sind nur für das Auge, tragen zum Aroma fast gar nichts bei", lautet ein sonst strenggehütetes Teege-

heimnis. Wer die Qualität eines aromatisierten Tees testen will, sollte sich nach dem Rat des Fachmannes richten:

Nicht der Duft in der Dose entscheidet. Schmeckt der Tee kalt genauso gut wie heiß, dann stimmt die Qualität.

Verschiedene Teesorten: Flowery Orange Pekoe, Flowery Pekoe, Flowery Broken Orange Pekoe (1. Reihe v. l.); Broken Pekoe, Pekoe Fannings, Fannings (2. Reihe).

Mit den aromatisierten Tees wird die Qual der Wahl für den Teefreund ins Unermeßliche vergrößert. Die Teekarte eines guten Fachgeschäfts liest sich mit Lagenbeschreibungen, Herkunftsbezeichnungen und Geschmackseinordnungen wie die Angebotskarte eines exquisiten Weinhändlers. Da wird nicht nur eingeteilt nach Darjeeling, Assam oder Ceylon, da geht es – mindestens so wichtig – auch um die unzähligen Ab-

stufungen der Blattgrade: Vom allerfeinsten *Tippy Golden Flowery Orange Pekoe* bis zum einfacheren kräftigen *Pekoe Souchong* und bei den „broken"-Tees von *Tippy Golden Flowery Broken Orange Pekoe* bis hin zum fein ausgesiebten, kräftigen und ergiebigen *Broken Pekoe*. Und schließlich noch die Lagen und Pflückungen. Doch der Anfänger sollte sich nicht entmutigen lassen. Dem Tee auf die Spur zu kommen, macht Freude.

Wer es mit dem Tee zu höchsten Genüssen bringen will, muß probieren. In den Teefachgeschäften und zu Hause, in jeder beliebigen Stimmung den für ihn und jede verschiedene Gelegenheit passenden Tee herauskosten. Wer schließlich aus den über 100 Teesorten, die in manchem Teeladen angeboten werden, immer noch nicht die ihn voll und ganz zufriedenstellende Mischung findet, kann es ja auch noch selbst versuchen: Nach eigenem Rezept ein bißchen von diesem und ein wenig von jenem – und schon gibt es einen ganz exklusiven eigenen Tee.

Die Teesorten unterscheiden sich durch ihre Herkunft sowie durch die Blattgröße und das Aussehen des Blattes.
Klima, Bodenbeschaffenheit, Lage und Verarbeitung wirken sich auf Aroma und Güte des Tees aus.

Anbaugebiete:
Darjeeling: knospig zart bis vollmundig; helle Tasse.
Assamtee: schwer, kräftig, würzig; dunkle Tasse.
Ceylontee: herb, aber sympathisch; „goldene" Tasse.

Blattgrößen:
Für den FLOWERY ORANGE PEKOE (FOP) werden junge, dünne Teeblätter mit heller Blattrispe („tip") verwendet.
FLOWERY PEKOE (FP) hat kürzere, gröbere Blätter, als der Orange Pekoe. Das Blatt ist nicht so fein gerollt.
BROKEN PEKOE (BP) wird aus dem gröbsten Blatt mit viel Blattrispe gewonnen.
FLOWERY BROKEN ORANGE PEKOE (FBOP) gehört zu den feinsten und aromatischsten Broken-Arten.
PEKOE FANNINGS (PF) ergibt sehr kräftige, aromatische Tees, die oft für Aufgußbeutel verwendet werden.
FANNINGS (F) ist die feinste Aussiebung der ungeschnittenen Blätter.

TEE PRAKTISCH – WORAUF ES BEIM ZUBEREITEN ANKOMMT

Nur bei richtiger Behandlung entfaltet der Tee seinen vollen Reiz.

Es beginnt damit, daß man Tee sehr sorgfältig aufbewahren muß – fern von Kaffee und stark duftenden Kräutern oder Gewürzen. Am besten ist Tee in gut verschließbaren Porzellangefäßen oder auch Weißblechdosen aufgehoben. Sie sollten allerdings einen Deckel haben, der im Doseninneren einrastet und nicht nur einfach mit einem Scharnier geschlossen wird.

Teedosen sind seit altersher erlesene Kostbarkeiten und überliefern das Bemühen der Vorfahren, dem Tee das ihm gebührende Behältnis zu verschaffen. Zinndosen mit fest schließendem Deckel und einem zusätzlichen Innenverschluß haben sich besonders bewährt. Wer es besonders gut meint mit seinem Teebehälter, läßt darin einen starken Teesud erkalten, gießt diesen dann ab und läßt das Gefäß an der Luft trocknen.

Teedose aus Porzellan.

Die Kannen, in denen der Tee aufgebrüht wird, müssen ebenso sorgsam behandelt werden. Niemals mit einem Spülmittel reinigen! Niemals in die Spülmaschine! Wenn sich Teepatina absetzt, ist die Kanne um so besser für künftigen Teegenuß geeignet. Ob aus Porzellan oder Keramik, ob aus feuerfestem Glas oder Silber – immer muß die Kanne mit möglichst heißem Wasser erwärmt werden, ehe sie mit dem Tee in Berührung kommt. Wenn davon abgeraten wird, Teekannen aus Metall zu benutzen – mit meiner kleinen Kupferteekanne habe ich die allerbesten Tee-Erfahrungen gemacht.

Zur Teezubereitung nur frisches, kaltes, ungekochtes Wasser verwenden. Dieses Wasser bis zum sprudelnden Kochen bringen und nicht zu lange kochen lassen, es sei denn, das Leitungswasser hat einen besonders hohen Chlorgehalt. Dann empfiehlt es sich, das Wasser 2 Minuten sprudelnd kochen zu lassen, damit möglichst viel Chlor entweicht. Die Teeblätter in eine ebenfalls vorgewärmte „Aufbrühkanne“ geben und mit dem sprudelnd kochenden Wasser übergießen. Zur vollen Entfaltung all seiner Kräfte und seiner geschmacklichen Schönheit

Die Teeblätter mit dem kochenden Wasser übergießen.

Den Tee nach dem Ziehen in eine vorgewärmte Kanne umgießen.

benötigt der Tee das kochendheiße Wasser. Trifft dieses Wasser aber auf eine nicht vorgewärmte Kanne, kühlt es so sehr ab, daß es für die optimale Tee-Entwicklung nicht mehr reicht.

Soll der Tee belebend wirken: 2–3 Minuten ziehen lassen.

Soll er beruhigen: mindestens 5 Minuten ziehen lassen.

Diese Zeiten genau nach der Küchenuhr einhalten, dann den Tee in eine zweite vorgewärmte Kanne umgießen, die auf den Teetisch kommt.

Soll die Teestunde länger dauern, stellt man die Kanne am besten auf eine elektrische Warmhalteplatte. Ein Stövchen mit Kerze verwenden Teekenner nur, wenn die Teekanne nicht sehr lange auf der Flamme stehen wird. Die Flamme ist auf Dauer zu heiß.

Wird Besuch erwartet, soll alles für den Teetisch bereitet sein – nur nicht der Tee. Wer etwas von Tee versteht, wird auch Verständnis dafür haben, daß der Gastgeber oder die Gastgeberin sich für die kurze Zeit entfernt, die für die Zubereitung eines gelungenen Tees nötig ist. Tee in der Thermoskanne auf die Gäste warten zu lassen, wäre weder für die Gäste noch für den Tee eine Ehre.

Zum Süßen – außer bei Assam

und Ostfriesenmischungen – keinen braunen Kandis verwenden: Er würde den Tee zu dunkel färben – außerdem schlägt sein leicht malziger Geschmack durch. Auch Süßstoffe schmecken beim Tee leicht durch – der robustere Kaffee kann die Süßtabletten schon eher verkraften. Zum Tee paßt am besten weißer Kandis.

Wird ein Teefilter benutzt, den man mit den Teeblättern in die Kanne hängt, kann auf die „Aufbrühkanne" verzichtet werden. Bei Baumwollfiltern sollte man jedoch für jede Teesorte – ganz besonders für jede aromatisierte – ein eigenes Teenetz verwenden.

Teefilter.

Wer Teekannen mit einem herausnehmbaren Tee-Einsatz vorzieht, sollte beim Kauf der Kanne darauf achten, daß der Einsatz groß genug ist für die Menge der Teeblätter, die nach Größe der Kanne verlangt wird. Ein zu kleiner Einsatz verhindert, daß sich der Tee genügend entfalten und ausdehnen kann – ähnlich einem Tee-Ei, das für den wirklichen Teefreund völlig indiskutabel ist.

Welche Teesorten dem eigenen Geschmack und den Trinkwasserverhältnissen am besten entsprechen, muß man ausprobieren. Je nach gewählter Teesorte variiert auch die Menge, die man pro Tasse nehmen muß: Vom halben bis zum gehäuften Teelöffel schwankt die Menge, die auch abhängig davon ist, ob es sich um einen

„Broken“-Tee oder um einen Blattee handelt. Probieren geht über Studieren – dieses Sprichwort stimmt für den Tee ganz besonders.

4–5 verschiedene Teegeschmacksrichtungen sollte man aber schon im Hause haben, von mild-blumigem Darjeeling über malzig-schweren Assam-Herrentee und herb aromatischen Ceylontee bis hin zu ein oder zwei aromatisierten Sorten, wie „Earl Grey“ oder „Shanghai Fever“. Auch Teebeutel sollte man ausprobieren, ehe ein oder zwei Sorten davon als Vorrat für die schnelle Tasse besorgt werden.

Wer eine große Runde zum Tee erwartet, kann einen überaus starken Aufguß aus 15–20 g Tee auf 1 Liter Wasser zubereiten. Die Teetassen werden dann nur zu einem Drittel gefüllt, der Rest wird aus einer zweiten Kanne mit kochendem Wasser ergänzt. Dies ist auch

Verschiedene Aromatees.

das System beim russischen Samowar.

Ob man auf Teetassen aus feinstem Porzellan schwört oder auf dickwandige becherförmige „Tea-mugs“ nach englischem Vorbild – das hängt auch ab vom Tee, der einem am besten schmeckt. Wenn man die Teetassen dann aber nicht zusammen mit dem übrigen Geschirr abwäscht, für die Teetassen gar ein eigenes Geschirrtuch benutzt – dann dürfte sichergestellt sein, daß der Tee die Behandlung erfährt, die ihn zu seiner ganzen Köstlichkeit erblühen läßt.

TEE PSYCHOLOGISCH – WIESO TEETRINKER GELASSENER SIND

„Abwarten und Tee trinken" – dieser Rat aus dem Volksmund sagt mehr aus über Tee und Teetrinker, als vielbändige Werke dies zu analysieren vermöchten. Tee – das ist Ruhe und Gelassenheit, mit Tee verbinden sich Vorstellungen von Besonnenheit und Weisheit, von Abwägen und Nachdenken.

„Wer Tee trinkt, vergißt den Lärm und die Hetze des Alltags", heißt es in den klassischen chinesischen Teebüchern. Doch es gilt auch umgekehrt: Wer dem Streß und dem Getöse tagtäglichen Tuns entfliehen will, findet Ruhe, Besinnlichkeit und Harmonie in der Tasse Tee und der Atmosphäre, die der Tee verbreitet. Auch der summende Samowar der Russen verströmt diese ruhige Beschaulichkeit.

Wenn hierzulande eine immer stärker spürbare Rückbesinnung auf den Tee und seine beruhigenden Auswirkungen zu verzeichnen ist, so hat das wohl auch mit dem Verlangen der Menschen in unseren Breiten zu tun, wieder mehr Ruhe, Gelassenheit und Harmonie zu finden.

Hans Leip, der unvergessene Dichter der „Lili Marleen", sagte über den Tee, seine Wirkung sei „das Unlaute, das Beschauliche", sei „die entdornte Betrachtung, die versöhnliche Haltung, das Gelöste ohne Lärm, die unbetont sich enthüllende Klarheit".

Teeschulen in den fernöstlichen Teekulturen sind und waren immer auch Lebensschulen. Tee ist in diesen Ländern zum Sinnbild für Größeres geworden; heißt es doch im Japanischen von Menschen, die es zu Lebensweisheit gebracht haben, sie hätten „Tee in sich“. Welch anderes Getränk als Tee ließe sich denken bei den stillen Stunden der Meditation. Und in der Teezeremonie des Cha-No-Yu, der Reinigung der 6 Sinnesorgane, wird der Mund durch das Prüfen des Tees gereinigt, und das Sinnesorgan des Berührens erfährt seine Reinigung schon durch das Hantieren mit dem Teegerät.

Wer mit Tee umzugehen gewohnt ist, mag auch den Duft nicht mehr missen, der beim Öffnen der Teedosen verströmt – denn schon dieser Duft versetzt in gute, heitere Stimmung. Und wer je einmal durch die Räume eines großen Teeimportgeschäftes gegangen ist und seine Nase hat umschmeicheln lassen dürfen von den zufällig sich vereinenden Düften Dutzender von Teesorten – der bekommt ein Gespür dafür, warum im Teehandel trotz aller Härte des Geschäfts Freundlichkeit, Zuvorkommenheit und Ruhe ohne Hast und Hetze herrschen.

„Tee ist Ruhe“, sagte man im alten Tibet, „und nicht Eile“. Und so kommt es wohl, daß mit Tee auch die Entfernungen gemessen wurden – 3 Tassen Tee, das entsprach etwa 8 Kilometern.

Zur Ruhe des Teetrinkens gehört auch, daß fernöstliche Teetassen keinen Henkel haben, sondern – als Schalen in die ganze Hand genommen – die Wärme des Tees auch in den menschlichen Körper verströmen. Erst die Leute im Abendland hatten weder Zeit noch Muße, den Tee genießerisch so

Japanische Teeschale (16. Jh.).

weit abkühlen zu lassen, bis die Hand ihn ruhig halten konnte. Sie haben den Henkel angefügt, und sie haben sogar die Untertasse dazu erfunden, in die der ganz Eilige den Tee gießen kann, damit er schneller kühl und trinkbar werde.

Für Tee braucht man Ruhe – das merken Teeanfänger oft erst mit der Zeit. Während man ein Bier oder einen Kaffee schnell irgendwo im Stehen zu sich nehmen kann, braucht es für den Tee – wie für Wein – die gepflegtere Umgebung, braucht es das behagliche Sitzen, das stille Genießen schon der Vorfreude im Warten auf den Tee, braucht es das Konzentrieren auf den Duft des fernöstlichen Aromas, braucht es das Schmecken – wie beim Wein. Für Tee braucht man Zeit.

Die Form der Teekannen, der Teetassen oder des Samowars – sie ist nicht nur bestimmt durch die praktischen Erwägungen, den Tee sich zu möglichst großer Fülle entfalten zu lassen. Die Formen dieses Teegeräts strahlen ebenso Behaglichkeit, ruhige Gelassenheit und anheimelnde Atmosphäre aus wie die Kerze im Stövchen unter der Teekanne durch ihr Flackern und ihre Wärme zum Gelingen der Teestunde beiträgt. Teelicht – das ist mehr als die praktische Warmhalteflamme.

Ob Menschen oder ganze Völker: wenn sie mit Tee leben, ist ihre Seele geläuterter, ihr Gemüt entspannter, ihr Sinn klarer.

TEE MEDIZINISCH – WARUM DIESER TRANK AUCH SO GESUND IST

In den Anfangsjahren europäischer Teegeschichte haftete dem fernöstlichen Import deutlich ein Beigeschmack von Medizin an. So wurde Tee in England anfänglich nur in den Apotheken verkauft, und boshaft hieß es von den Holländern, bei ihnen habe sich das Teetrinken nur deshalb so schnell eingebürgert, weil die oft dickleibigen Niederländer sehr bald die abführende Wirkung des neuen Getränks erkannt und schätzen gelernt hätten.

Doch mit seinem betörenden Duft und seinem bezaubernden Aroma konnte der Tee auch die Europäer rasch davon überzeugen, daß er mehr ist als eine Arznei. Er wurde als das akzeptiert, was er bis heute geblieben ist: ein Getränk voller Eleganz und Kultur. Geblieben aber ist bis heute auch die gesundheitsfördernde Bedeutung dieses Tranks, von der Wissenschaft zudem immer besser erforscht und bewiesen.

William Ewart Gladstone, liberaler britischer Politiker bis 1898, faßte die bis heute gültigen Erkenntnisse über die wohlig-wirkenden Kräfte des Tees in seinem unsterblichen Tee-Poem zusammen:

„Ist Dir kalt, erwärmt Dich der Tee.
Bist Du erhitzt, kühlt er Dich ab.
Bist Du niedergeschlagen, muntert Tee Dich auf.
Bist Du erregt, wird Tee Dich beruhigen."

Heute sind die Wirkstoffe, auf denen die medizinische Bedeutung des Tees basiert, im einzelnen analysiert. So wirken die Gerbstoffe, die zwischen 12 und 17% der Teesubstanz ausmachen, beruhigend auf Magen und Darm. Ihretwegen kann Tee bei Magenverstimmungen und Lebensmittelvergiftungen, bei Übelkeit und Durchfällen wie Balsam genossen werden. Für starke Raucher hat Tee sich ebenfalls dank der Gerbsäuren als beruhigend auf die gereizten Magennerven erwiesen. Die Gerbsäuren sorgen zudem dafür, daß die Wirkung des mit etwa 1,5–4% enthaltenen Teins (auch Tee-Koffein genannt) gebremst und so gesteuert wird, daß Tein vom menschlichen Körper nicht schockartig, sondern allmählich aufgenommen wird. Die belebende Wirkung des Tees setzt deshalb langsamer ein, hält länger an und klingt auch langsam und gleichmäßig wieder ab. „Tee regt an, aber nicht auf", heißt es daher im Volksmund. Das Tein wirkt nicht wie beim Kaffee über das Herz auf den Kreislauf, sondern beeinflußt direkt das Zentralnervensystem, also das Gehirn. So hat sich der Tee bei geistig schaffenden Menschen einen festen Platz als anregendes und leistungssteigerndes Getränk erobert. Tests mit Studenten haben zudem den Beweis erbracht, daß die Konzentrationsfähigkeit bei komplizierten Aufgaben durch Teegenuß erhöht und verlängert werden kann.

Doch auch für Autofahrer ist der Tee medizinisch zu empfehlen. Er ist nicht den Aufputschmitteln vergleichbar, die zwar kurzzeitig wirken, dann aber zu auffälligen und meist plötzlich auftretenden Ermüdungserscheinungen führen – Tee hält in seiner belebenden Wirkung sehr viel länger an. Außerdem hat sich Tee als ideales Reisegetränk auch bei stärkerem Klimawechsel bewährt.

Nicht zu vergessen sei in diesem Zusammenhang die Tatsache, daß Tee – wenn man ihn ohne Zucker und Milch trinkt – keinerlei Kalorien oder Joule enthält, eine nicht zu unterschätzende Nebenwirkung bei jeglicher Schlankheitsdiät. Zudem sind im Tee Vitamin C und das auch Aneurin genannte Vitamin B_1 enthalten. Letzteres ist nach neuesten Forschungsergebnissen in der Lage, den Menschen unempfindlicher gegen Hetze und Lärm in der näheren Umgebung zu machen. Die Chlorophyllbestandteile im Tee fördern die Sauerstoffversorgung im menschlichen Organismus, da sie zur Bildung roter Blutkörperchen beitragen.

Schließlich noch das Fluor – es beugt dem Zahnverfall vor, und Zahnärzte raten neuerdings sogar davon ab, den durch hohen Teekonsum entstehenden Zahnbelag restlos zu entfernen. „Wo keine kosmetische Störung entsteht“, so die zahnmedizinische Empfehlung, solle man „die Teebeläge belassen“, da sie Stoffe enthalten, die den Zahnschmelz härten.

Nun muß man wegen all dieser gesundheitsfördernden Wirkungen nicht meinen, man brauche nur möglichst viel Tee zu trinken, um möglichst gesund zu bleiben oder zu werden. Zwar soll nach immer wiederkehrenden Berichten der Große Kurfürst Friedrich Wilhelm (1640–1688) von seinem holländischen Leibmedicus zeitweilig bis zu 200 Tassen Tee täglich verschrieben bekommen haben, heute sind sich die Ärzte jedoch einig, daß 35 Tassen Tee pro Tag die Grenze darstellen, bis zu der man ohne medizinische Bedenken Tee zu sich nehmen darf.

Über den Tee und seine medizi-

Auf einer russischen Datscha.

nischen Wirkungen wurden Loblieder gesungen, seit es ihn gibt. Die Zeitschrift „Daheim“ veröffentlichte 1865 einen solchen Lobgesang. Darin heißt es unter anderem, der Tee habe „solche Kraft, daß, wann man 4 oder 5 Becherlein davon getruncken, sich alle Gliedmaßen regen und das Haupt leicht wird“. Und dem Tee wohne die Kraft inne, „die überflüssigen Feuchtigkeiten wegzunehmen“, er „vertreibet das Hauptweh und Schweermüthigkeit“.

Auch heute noch gelten diese Feststellungen. Etwas dünner als für Erwachsene zubereitet, darf Tee auch Kindern gereicht werden; bei Magenerkrankungen und zur Beruhigung wird „Kindertee“ sogar ärztlich empfohlen.

Und auch wer nüchtern, also ohne etwas gegessen zu haben, zu einer ärztliche Untersuchung erscheinen muß, darf unbesorgt vorher ein Täßchen Tee trinken – ohne Zucker oder Milch allerdings. Reiner Tee beeinflußt die Untersuchungswerte nicht.

Tee international – andere Länder haben andere Teesitten

Wer die Welt bereist, wird auf immer neue Teevariationen treffen. Denn Tee ist international, doch die Geschmäcker sind auch beim Tee oft verschieden.

So kommt aus *England* die Teeregel, daß man pro Tasse 1 Teelöffel Tee nehmen soll – „plus 1 Löffel für die Kanne".

Doch diese Regel sollte man wirklich nur in England befolgen, wo der Tee stark und dunkel sein muß, wird er doch mit viel und sehr fetthaltiger Milch getrunken. In England kommt die Milch auch vor dem Tee in die Tasse. Und wenn die Kanne, in der die Teeblätter frei herumschwimmen, zur Hälfte geleert ist, dann gießt man noch einmal mit kochendem Wasser auf.

In *Tibet* ist Tee mehr Nahrung als Getränk. Hier nimmt man ein gehöriges Stück Ziegeltee (das ist in Ziegelform gepreßter Teestaub) und läßt ihn 20 Minuten lang kochen. Dann fügt man Salz, Natron und ein großes Stück Yakbutter hinzu. Noch heiß schlägt man das Gebräu mit einem durchlöcherten Kolben in einem Teefaß so lange, bis eine purpurfarbene Flüssigkeit daraus geworden ist. Diese „Teesuppe“ hinterläßt um Mund, Lippen und Kinn einen Fettrand, der vor der intensiven ultravioletten Sonnenstrahlung in den Höhen Tibets schützt. Fremden wird geraten, „einfach zu vergessen, daß es Tee ist, der für diese Suppe als Grundlage dient“. Getreidebrei und Käse sind die gängigen Beilagen zu diesem fettglänzenden Teegenuß.

In *Polen* rangiert Tee an erster Stelle unter den Lieblingsgetränken. Aber stark muß er sein. Für polnischen Teegeschmack gilt die Regel: mindestens 1½ gehäufte Teelöffel Tee pro Tasse. In zwei Etappen wird polnischer Tee aufgegossen: Beim ersten Aufguß wird die Teekanne nur zu zwei Dritteln mit siedendem Wasser gefüllt, damit die Menge der Teeblätter sich voll entfalten kann. Erst nach 3 Minuten darf die Kanne dann mit – wieder – siedendem Wasser aufgefüllt werden. Nach nochmal 2 Minuten ist der Tee schließlich fertig und wird meist ungesüßt getrunken.

Auch in *Rußland* wird der Tee meist ungesüßt serviert – aber dafür nimmt man ein Stückchen Zucker oder eine der deftig-süßen Leckereien, die zum Tee gereicht werden, in den Mund

Russische Bürger mit Samowar.

und läßt den heißen Tee darüberlaufen. Kein russischer Bahnhof und kein russischer Fernzug, in dem nicht ständig Tee gereicht würde.

Aus *Amerika* stammen sowohl

der „Iced Tea“ als auch die modernen Teebeutel. Thomas Sullivan war es, der von seinem kleinen Teegeschäft in New York aus Teeproben an seine Kunden verschickte. Die damals üblichen Zinnbüchsen wurden ihm bald zu teuer, und er kam auf die Idee, kleine Beutelchen aus Seide nähen zu lassen. Bald liefen Bestellungen ein, in denen ausdrücklich die Verpackung in diesen Seidenbeutelchen verlangt wurde. Und Sullivan fand auf diese Weise heraus, daß seine Kunden entdeckt hatten, wie man Zeit und Mühe sparen konnte, wenn man das kochende Wasser gleich über die Beutelchen goß. Der Teebeutel ist heute nicht mehr aus Seide, sondern aus Spezialfilterpapier, aber er hat sich nicht nur in Amerika einen festen Marktanteil erobert.

„Iced Tea“ zählt seit der Weltausstellung 1904 in St. Louis zu

Tee aus Teebeuteln.

den amerikanischen Spezialitäten. Damals wollte der junge Richard Blechynden indische und Ceylontees propagieren. Doch in der Hitze des Sommers drängten sich die Besucher mehr vor dem Stand mit eisgekühlten Drinks als vor dem Teeausschank von Jung-Richard – bis er auf den Gedanken kam, seine Tees über Eiswürfel zu gießen, die er in hohe Gläser gefüllt hatte. Eisgekühlter Tee, kupferfarben und erfrischend, wurde zum Erfolg der Weltausstellung und trat von dort seinen Siegeszug über den gesamten Kontinent an.

TEE LITERARISCH – WAS BERÜHMTE LEUTE DARÜBER SCHRIEBEN

Tee beflügelt. Er hat die Phantasie so mancher Dichter, Schriftsteller, Autoren jeder Art beflügelt. In zahlreichen Kriminalromanen spielt der Tee nicht nur im Titel eine entscheidende Rolle. „Das Teegespräch" nennt Anthony Gilbert einen seiner Krimis, „Bitterer Tee" heißt es bei Oswald Wynd, „Eine Tasse Tee" bei Herbert Adams, „Das Teehaus in Mentone" überschrieb Joseph S. Fletcher einen seiner Kriminalromane. In bösartigen Kommentaren wurde dem englischen Roman zwar vorgeworfen, „mit Teetrinken werden die Schwachstellen überbrückt" und in manchen Werken werde „mehr als zwangzigmal Tee getrunken". Doch es gibt sehr geistreiche Teebetrachtungen in der englischen Literatur. In May Sinclairs „A Cure of Souls" unterhalten sich Mrs. Beauchamp und ihr Besucher, der Junggeselle Canon Chamberlain:

„Ich frage mich, woher es kommt, daß der Tee aus einer Tasse mit grünem Rand so viel besser schmeckt. Aber es stimmt."

„Ich weiß, daß es stimmt", antwortet sie. „Ich kenne ein Haus, in dem wird starker indischer Tee aus dunkelblauem Porzellan getrunken. Sie können sich kaum etwas Schlimmeres vorstellen."

„Wahrhaftig."

„Teetassen sollten grundsätzlich flach und breit sein."

„Ja, wie Champagner in Schalen, nicht wahr?"

„Damit das Aroma sich auf größerer Oberfläche besser entfalten kann."

„Es ist schon merkwürdig, daß es hellgrünen und dunkelblauen Teegeschmack geben soll. Aber es gibt ihn. Doch ich glaube, außer mir hat das noch niemand entdeckt."

Graham Greene dagegen setzt sich in seinem Roman „Die Reisen mit meiner Tante" kritisch mit dem Teebeutelgebrauch auseinander:

„Ich hielt es in meinem Zimmer nicht mehr aus und ging durch den kleinen Garten, in dem ein amerikanisches Ehepaar (aus dem St. James oder dem Albany) beim Tee saß. Einer der beiden zog aus seiner Tasse ein Säckchen, wie ein ersäuftes Tier am Ende einer Schnur. Bei diesem trostlosen Anblick fühlte ich mich sehr weit von England entfernt."

Graham Greene.

Die Jugendbuchautorin Enid Blyton hat unter ihren zahlreichen Werken ein „Geheimnis um eine Tasse Tee", Franz Bauer schrieb ein Spiel für Mädchen unter dem Titel „Tee bei Frau Müller", Mary Scott nannte ihren heiteren Roman aus Neuseeland „Tee und Toast", und Trudy Baker titelte frech „Tee, Kaffee oder mich".

T. S. Eliot faßte etliche seiner Gedichte unter der Überschrift „Gelächter zwischen Teetassen“ zusammen, und Heinrich Böll schrieb Hörspiele, die auch in hoher Auflage gedruckt wurden, unter dem Sammeltitel „Zum Tee bei Dr. Borsig“. Tine Schulze-Gerlach nannte ihre Erzählung „Die Nacht bei grünem Tee“.

John Masefield berichtet in seinem Roman „Tee aus Futschau“ über das historische Wettrennen der fünf Chinaklipper im Mai 1866. Zu diesem berühmten „Tea Race“ hatten die mit Tee beladenen Schiffe den Teehafen von Futschau an der Straße von Formosa in kurzen Abständen nacheinander verlassen und London mit nur 2 Tagen Unterschied erreicht – die „Ariel“, mit 852 Tonnen der größte Klipper, ging als Sieger aus dem Rennen hervor.

Ganz undramatisch dagegen erzählt Hans Christian Andersen sein Märchen von der Teekanne: „Es war einmal eine stolze Teekanne, stolz auf ihr Porzellan, stolz auf ihre lange Tülle, stolz auf ihren breiten Henkel.“ Doch der Deckel ist geleimt. Und als sie eines Tages „von der feinsten Hand“ erhoben wird, fällt die stolze Teekanne zu Boden, Tülle und Henkel brechen ab, sie kann nur noch als Blumentopf bei einer armen Frau nützlich sein. Doch die Blume wächst, so daß sie umgetopft werden muß, und dabei geht die Teekanne end-

Hans Christian Andersen.

gültig in Scherben. Auf dem Hof liegend aber weiß sie: „Ich habe die Erinnerung, die kann mir niemand nehmen."

In seinem klassischen „Buch vom Tee" hat Kakuzo Okakura 1906 geschrieben:

„Tee hat nicht die Arroganz des Weines, nicht das Selbstbewußtsein des Kaffees, noch die kindliche Unschuld des Kakaos. Im Geschmack des Tees liegt ein zarter Charme, der ihn unwiderstehlich macht, geradezu dazu einlädt, ihn zu idealisieren."

Goethe war berühmt auch für seine Teenachmittage – und beim Tee wurde auch die langjährige Geliebte Goethes gesellschaftsfähig, wurde doch zum geflügelten Wort, mit welcher Begründung die Damen der guten Weimarer Gesellschaft sie endgültig bei sich aufnahmen: „Wenn Goethe ihr seinen Namen gibt, können wir ihr wohl wenigstens eine Tasse Tee geben."

Heinrich Heine, meist bissig und süffisant formulierend, notierte – ausgerechnet – über die Ostfriesen, daß sie „einen Thee trinken, der sich von gekochtem Seewasser nur durch den Namen unterscheidet". Bissig ist auch sein vielzitierter Vierzeiler:

„Sie saßen und tranken am Teetisch
und sprachen von Liebe viel,
die Herren, die waren ästhetisch,
die Damen von zartem Gefühl."

Johann Wolfgang von Goethe.

Theodor Fontane lernte nicht nur während seiner Zeit als Korrespondent in England den Tee kennen und schätzen, er berichtete auch von seinen Reisen durch Deutschland, wenn er auf „wirklichen Tee" gestoßen war. Und er riet seinen Zeitgenossen, unbesorgt könne man in Gaststätten das bestellen, „was man sich ohne allzu große Gefahr immer geben lassen kann, eine Tasse Tee, einen Kognak und natürlich Sodawasser".

Wilhelm Busch (Selbstbildnis).

Wilhelm Busch reimte einst von seiner „zarten platonischen Liebe" zum Tee, Ludwig Uhland hatte die Teegenüsse in der Tübinger Gesellschaft kennen- und schätzen gelernt und dichtete später *„In Indiens mystischem Gebiete, wo Frühling ewig sich erneut, o Tee, du selber eine Mythe, verlebst du deine Blütezeit."*

Ernst Barlach berichtet aus Rußland: „Da ist der Tee Erwecker aller behaglichen Plauderlust." Somerset Maugham schließlich formuliert, was wie eine Zusammenfassung aller Teegefühle aus großer Feder gelten könnte: „Es macht mir unvermindertes Vergnügen, von früh bis spät Tee zu trinken." Und Gotthold Ephraim Lessing äußerte 1780:

„Ob ich morgen leben werde, weiß ich freilich nicht. Aber daß ich, wenn ich morgen lebe, Tee trinken werde, weiß ich gewiß."

TEE MUSISCH – AUF MANCHERLEI ART HAT ER KÜNSTLER BEFLÜGELT

Tee inspiriert. Musische Menschen in aller Welt haben sich vom Tee immer wieder zu Schöpferischem anregen lassen. Silberschmiede schufen feinste und kunstvoll verzierte Teedosen, zarte und tischfeine Teesiebe. Künstler setzten ihren Ehrgeiz daran, immer phantasievollere Teelöffel zu entwerfen. Porzellanmanufakturen wetteifern um die edelsten Teegeschirre. Teetische wurden mit handwerklicher Akribie gedrechselt und mit Fayencen versehen – die Kultur des Teetrinkens entwickelte sich zu einer allgemeinen Teekultur, von den Musen beflügelt.

Vor allem in der Malerei fanden

Chinesisches Teekästchen mit Zinneinsatz (18. Jh.).

Teedose aus Steingut (19. Jh.).

Teekanne (Silber, vergoldet, Augsburg um 1710).

Tee und Teegenuß eine immer wieder neue Darstellung. „Höfische Gesellschaft beim Teetrinken", „Zwei Damen und ein Herr am Teetisch", „Tee trinkende Damen" – das sind nur drei von vielen Gemäldetiteln. Schon um 1750 entstand das Ölgemälde von Jacob Denner „Familie Denner am Teetisch", das heute in der Hamburger Kunsthalle hängt. Im Stadtmuseum von Oldenburg befindet sich das 1894 von Bernhard Winter in Öl auf Holz gemalte Bild „Das Ehepaar Winter sen.

am Tisch, Tee trinkend". Von den Mäßigung predigenden Temperenzlern wurde um 1835 das Blatt „Only Water, Milk and Tea" eines unbekannten Künstlers verbreitet, und Carl Julius Milde schuf 1833 sein Aquarell „Pastor Johann Wilhelm Rautenberg und Familie am Teetisch". Die Ruhe und Gelassenheit, die von jeder Art von Teegesellschaft ausgeht, hat die Maler ganz offensichtlich immer wieder erneut dazu angeregt, sich mit dem Thema Tee zu befassen.

Um so erstaunlicher, daß in der Musik weniger Notiz vom Tee genommen wird. Zwar hat Richard Strauss in seinem Ballett „Schlagobers" einen „Tanz der Teeblüten" – das aber ist schon alles, was auf dem weiten Feld der klassischen Musik mit Tee zu tun hat.

Es gibt jedoch einige volkstümliche Melodien, in denen Tee eine nicht unwesentliche Rolle spielt. „In einer kleinen Konditorei, da saßen wir zwei, bei Kuchen und Tee . . ." klingt es hier, „Tea for two" schwärmten Millionen auf englisch dort. Vom Känguruhkontinent Australien schließlich kam die Melodie von der „Waltzing Mathilda" zu uns herüber. Dazu aber muß man wissen, daß „Mathilda" die zärtliche Bezeichnung für den dampfenden Teekessel ist. Im Schlagerlied schwärmte vorübergehend Thomas Voigt davon, wie beim Tee Kummer und Sorgen vergehen: „Eine kleine Selbstgedrehte und ein Kännchen Tee – ihm tut jetzt niemand mehr weh."

Ein Großer der Musikwelt war sein Leben lang zwar eng mit dem Tee verbunden, hat es aber dennoch nie zu einer Teekomposition gebracht: Paul Hindemith. In bitterarmen Verhältnissen aufwachsend, wurde sein Talent von den Besitzern des Frankfurter Teehandelshauses J. T. Ronnefeldt entscheidend gefördert. Zum 100jährigen Firmenjubiläum dichtete Hindemith eine „Hundertjährige Teehymne“, in deren letzter Strophe er den Tee besingt:

„Er macht Dich lustig, bist du triste,
Er lindert all dein Leid und Weh,
Und neiderfüllt spricht still der Komponiste:
„Oh, zög ich jemals so wie J. T.'s Tee!“

Später, als auch Hindemith erfolgreicher war und „zog“, widmete er sein Zweites Streichquartett op. 10 „Herrn und Frau Rudolf Ronnefeldt“. Und für die Kinder der Teehändlerfamilie schrieb er eine Reihe kleiner Kompositionen für Aufführungen in deren Puppentheater.

Hochbeinige Wasserkanne mit Hahn und Teebüchse (Ostfriesland, 18. Jh.).

Zu den kleinen Kunstwerken aber, die rund um den Tee entstanden sind, müssen die mit viel Liebe und handwerklichem Fleiß hergestellten „Dröppelminnas“ gerechnet werden: hochbeinige Heißwasserbehälter, unter denen ein Flämmchen für dauerhafte Erhitzung des Wassers sorgte. Aus ihren kunstvoll gefertigten Ausgußhähnen versorgte man sich in Norddeutschland Ende des 18. Jahrhunderts mit Heißwasser zum Aufgießen einer frischen Tasse Tee.

Tee anekdotisch – Hängengeblieben im Sieb der Zeit

Um den Tee ranken sich Anekdoten in Hülle und Fülle.
So hatte 1567 der Mongolenkhan dem russischen Zaren 200 Pakete Tee als großherziges Geschenk und Zeichen seiner besonderen Wertschätzung zugedacht. Doch der russische Gesandte, dem die seltene Gabe zur Weiterleitung an den Zaren übergeben worden war, traute sich mit dem Geschenk nicht vor seinen Herrn, sah er den Inhalt doch für wertloses Gras an. Erst als der Diplomat seine Angst überwunden und dem Zaren Sinn und Verwendungszweck der trockenen Blättchen erläuterte, begann der Siegeszug des Tees durch Rußland – bis zum Nationalgetränk.

Zwei angenehme Eigenschaften des Tees soll der liberale britische Staatsmann William Ewart Gladstone (1809–1898) für sich verbunden haben: Er ließ sich seine Wärmflasche mit heißem Tee füllen. So konnte er in den traditionell kalten britischen Betten zunächst äußerliche Wärme genießen und bei Verlangen nach innerer Erwärmung sich jederzeit am köstlichen Inhalt laben.
Weil ihr Duft zart an das Teearoma erinnert, kam eine gelbe Rose zu weltweiten Ehren. 1809 wurde sie aus Südchina nach England gebracht, ihre Blüte grüngelb. Böse Zungen behaupteten bald, unehrenhafte Teehändler hätten die billigen Blütenblätter wegen ihres Duf-

Teehybride.

tes unter die kostbaren Teeblätter mischen wollen. Doch die Rosenfreunde waren erfreut von dem Import: Generationen von Züchtern bemühten sich darum, Farbenpracht und Duft dieser Rose zu verbessern, ihre Widerstandskraft zu erhöhen. Bis heute ist sie die zart nach Tee duftende Teehybride geblieben.

Tee verführt gelegentlich sogar zur Unaufrichtigkeit. John Wesley, Begründer der Methodistenkirche, war bekannt dafür, daß er den Teegenuß aus moralischen und religiösen Gründen verurteilte. Noch heute aber ist in einem Londoner Museum der Teekessel zu sehen (beschriftet mit einer Anrufung Gottes aus der Bibel), der in seinem Nachlaß gefunden wurde.

Daß Tee vom Volk lange Zeit als Medikament betrachtet wurde, erfuhr auf drastische Weise noch um 1955 ein Teehandelsreisender im Württembergischen. In einer Gemischtwarenhandlung auf dem Lande wollte er einige seiner – damals üblichen – 50-Gramm-Päckchen an die Ladeninhaberin bringen. Doch die blieb abwehrend: „Wir brauchen keinen Tee, die Kühe sind alle gesund."

Mühe mit den frühen amerikanischen Teesitten hatte 1782 Prinz de Broglie, weitläufiger Vorfahre des französischen

Nobelpreisträgers von 1929: Sobald seine Teetasse leer war, wurde sie wortlos wieder aufgefüllt. „Ich würde Tee wohl noch immer trinken", berichtete er später nach Hause, „wenn mich nicht der französische Botschafter bei meiner zwölften Tasse darauf aufmerksam gemacht hätte, daß ich meinen Löffel quer darüberlegen müsse." Ein anderer Ausländer, dem kein Botschafter diesen Rat gab, steckte nach nicht endenwollendem Teegenuß in den Vereinigten Staaten die Tasse einfach in die Tasche ... Und in England erinnert man sich mit Schmunzeln an die Teeausdauer des unsterblichen Dichters Dr. Johnson. Als er in Gesellschaft zweier Schrifsteller von dem einen gemahnt wurde, er habe nun schon die elfte Tasse Tee getrunken, antwortete Dr. Johnson voller Gelassenheit:

„Sir, ich habe nicht gezählt, wieviel Wein Sie getrunken haben, warum also sollten Sie zählen, wie viele Tassen Tee ich zu mir nahm. Nun denn: Ich hätte der Dame des Hauses gern weitere Mühe gespart, wenn nicht Ihre Bemerkung mich gereizt hätte. Ich erlaube mir also, darum zu bitten, das Dutzend nun noch voll zu machen."

1975 war es, da entschloß sich die Leitung von Frankfurts renommiertem Hotel „Hessischer Hof", dem Teetrend zu folgen und eine reich bestückte Teekarte aufzulegen. Die Gäste reagierten hocherfreut, die Veranstalter von Tagungen und Konferenzen aber baten die Hoteldirektion sehr bald händeringend, die attraktive Teekarte in den Konferenzsälen nicht mehr aufzulegen. Der Grund: Es entbrannten endlose Debatten über das Thema, welchen Tee man denn zur Gesprächsbelebung bestellen sollte – so daß die eigentlichen Konferen-

Englisches Salonpüppchen als Teekannenwärmer (um 1924).

zen in ihrem Ablauf empfindlich Schaden litten.

Edgar Wallace gehörte zu den eifrigen Teetrinkern, wenn er an einem seiner Kriminalromane saß. Pro Roman, so haben seine Verleger errechnet, kam er auf rund 100 Tassen. Als einmal ein ungeduldiger Verlagsherr telefonisch bei Wallace anfragte, wann denn wohl das Manuskript zu erwarten sei, ließ der Schriftsteller ihm ausrichten: „Die Entlarvung, schätze ich, kommt diesmal schon bei der fünfzigsten Tasse – ich bin aber erst bei der zwölften".

TEE ANTIQUARISCH – WAS IN ALTEN ZEITEN ÜBER DEN TEE BERICHTET WURDE

Daß Tee nicht immer mit dem männlichen Artikel versehen war, mag manchen überraschen. Doch in einer alten Chronik aus dem Jahre 1672 heißt es noch „die Thee“. Die Zeitschrift „Daheim“ hat 1865 aus dieser Chronik, einer „Beschreibung der Küsten Malabar und Coromandel“ zitiert. Hier der Bericht, der in seiner altmodischen und umständlichen Sprache auch heute wieder entzückte Leser finden dürfte:

„Die beste Thee kommt aus China. Sie wird aber nunmehr auch durch ganz Indien gebraucht und selbst in unserem Vaterland ist sie allbereit sehr gemein geworden. Gewiß ist es, daß die Thee viel Kräfte und Tugend an sich hat, sie vertreibt zumahl Schläfrigkeit und Faulheit, macht nüchtern und frölich, vertreibet und verhindert die Trunckenheit, entlediget das Haupt und Gehirn von schweeren, ungesunden Dünsten, die dem Verstand zu seiner Verrichtung hinderlich sind. Sie ist daher sehr gut für diejenigen, welche mit dem Kopf arbeiten müssen und kan selbst auch den Nachtschlaf aus den Augen halten. Der Geschmack von der Thee ist etwas bitter, als man zum erstenmahl davon trinckt, doch dann gewohnet leichtlich daran, so daß man auch hernach nicht wol davon kan lassen.

Der Türkischen Cauwa (Kaffee) und der Chocolate aus Hispanien und Mexico will man gleichfalls die Kraft der Thee

Ein Urtheil über Gebrauch und Nutzen des Thees aus dem 17. Jahrhundert.

Baldäus, ein berühmter und sehr verdienter holländischer Missionar auf der Insel Ceylon, erzählt in seiner „Beschreibung der Küsten Malabar und Coromandel 1672" uns auch, was die damaligen Niederländer in Ostindien über Gebrauch und Nutzen des Thees urtheilten. Wir geben den Bericht ganz wörtlich, aber etwas gekürzt:

„Die beste Thee kommt aus China. Sie wird aber nunmehr auch durch gantz Indien gebraucht und selbst in unserm Vaterland ist sie allbereit sehr gemein worden. Gewiß ist es, daß die Thee viel Kräfte und Tugenden an sich hat, sie vertreibet zumahl Schläfrigkeit und Faulheit, macht nüchtern und frölich, vertreibet und verhindert die Trunckenheit, entlediget das Haupt und Gehirn von schweeren, ungesunden Dünsten, die dem Verstand zu seinen Verrichtungen hinderlich sind. Sie ist daher sehr gut für diejenigen, welche mit dem Kopf arbeiten müssen und kan selbst auch den Nachtschlaf aus den Augen halten. Der Geschmack von der Thee ist etwas bitter und nicht sehr angenehm, als man zum erstenmahl davon trinckt, doch man gewohnet leichtlich daran, so daß man auch hernach nicht wol davon kan lassen. Der Türkischen Cauwa (Kaffee) und der Chocolate aus Hispanien und Mexico will man gleichfalls die Kraft der Thee zuschreiben: allein die Erfahrung lehret uns, daß die Cauwa die Galle zu sehr entzündet, die Chocolate zu viel nähret und in heißen zeiten das Geblüt anstecket, da die Thee einer viel gemäßigtern Natur und Eigenschaft ist.

zuschreiben: Allein die Erfahrung lehret uns, daß die Cauwa die Galle zu sehr entzündet, die Chocolate zu viel nähret und in heißen Zeiten das Geblüt ansteckt, da die Thee einer viel gemäßigtern Natur und Eigenschaft ist.

Es ist unter unseren Leuten und sonderlich dem Frauenvolk ein großer Mißbrauch der Thee, nicht allein weil sie zu viel getrunken wird, sondern ist zumahl auch eine üble Gewohnheit, dieselbe alsofort auf einen vollen Magen zu gebrauchen . . . Die Thee mit ihrem Gebrauch und Mißbrauch ist nicht allein in China und Japan geblieben, sondern auch zu uns übergeflogen und wird darin viel verthan . . ."

TEE KÖSTLICH – REZEPTE FÜR HEISSE UND KALTE GETRÄNKE

So wie Tee Künstler beflügelt und Dichter inspiriert, so kann er in der guten Küche als Basis für immer neue Überraschungen dienen. Der Phantasie sind keine Grenzen gesetzt, mit Tee immer wieder neue Heiß- und Kaltgetränke zu erfinden. Zum Einstimmen sind nachfolgende Rezepte gedacht:

TEE-HEISSGETRÄNKE

Imkertee (eventuell „mit Schuß"): Es wird ein Teeaufguß hergestellt. Je Tasse oder Glas wird mit 2 Teelöffeln Bienenhonig gesüßt. Ein kleiner Schuß Weinbrand gibt den besonderen Pfiff.

Schwarzer Tee mit Pfefferminze: Schwarzer Tee wird zusammen mit einer kleinen Portion Pfefferminze überbrüht. Wie gewohnt abseihen und süßen.

In Marokko jedoch macht man es so: Schwarzer Tee und grüner Tee werden zu gleichen Teilen in gewohnter Menge genommen. Dazu gibt man einige Stengel frische Minze (im Sommer bei uns auf dem Markt oder sogar im eigenen Garten) und eine Handvoll Würfelzucker in die Kanne. Alles zusammen überbrühen. Wie gewohnt abseihen.

Dies ist ein besonders belebendes Getränk bei großer Hitze und wird in Marokko an jeder Straßenecke getrunken.

Kubapunsch.

Sportlertee: Starker schwarzer Tee, der nur kurze Zeit ziehen darf, wird reichlich mit Traubenzucker gesüßt und mit Zitrone abgeschmeckt.

Eiertee „Dotterblume“: In den heißen schwarzen Tee (6 Tassen oder Gläser) wird eine Eiercreme gerührt. Diese soll vor der Teezubereitung aus 3 Eigelben, 60 g Zucker und etwas Rum schaumig aufgeschlagen werden.

Kubapunsch: Pro Glas läßt man 1 Zitronenscheibe, 2 Gläschen Rum und 2 TL Zucker ½ Stunde lang ziehen. Kurz vor dem Servieren wird eine Prise Vanille darübergestreut. Dann wird mit heißem Tee aufgefüllt.

Milchtee: Statt mit Wasser wird der Tee mit frischer Milch zubereitet. Nach Belieben süßen. Dieser Trank wird nach besonderen Anstrengungen guttun.

Teegrog „Fit“: Einen starken Teeaufguß zubereiten und die Tassen oder Gläser zu ¾ damit füllen. Dazu heißen, mit Zucker versetzten Rum und eine Zitronenscheibe geben.

Teepunsch „Alter Knabe“ (mit Rotwein): ½ l kräftigen Tee zubereiten. Eine Flasche Rotwein zusammen mit Zimtstange, Gewürznelken, mehreren Zitronenscheiben und 2 Eßlöffeln Zucker erhitzen und mit dem Teeaufguß vermischen. Heiß servieren.

Schlemmertee: In die Tassen wird Kandiszucker gegeben und der aufgebrühte Tee hinzugegossen. Als Krönung wird jeder Tasse ein Häubchen aus frischer geschlagener Sahne aufgesetzt.

Rotweinpunsch mit Kandis: $\frac{1}{4}$ l starker, frisch aufgebrühter Tee wird mit 150 g weißem Kandis, 3 Nelken, etwas Stangenzimt und dem Saft von 1 Orange aufgekocht. 1 Flasche Rotwein wird dazugegeben und das Ganze nochmals erhitzt. Der Punsch wird mit einer Orangenscheibe heiß serviert.

Kindertee: Einen leichten aromatisierten Schwarztee (Apfel, Aprikose, Kirsch usw.) herstellen und diesen mit Honig süßen. Einen Schuß von dem Fruchtsirup dazugeben, dessen Aroma bereits im Tee enthalten ist.

Rotweinpunsch mit Kandis.

Eistee.

Tee-Kaltgetränke

Eistee: Einen starken Aroma- oder Schwarztee aufgießen. Nach Belieben zuckern. Reichlich Eiswürfel in hohe Gläser geben und den heißen Tee darübergießen. Eine Zitronenscheibe auf den Rand stecken. Der Tee muß deshalb doppelt stark sein, weil die Eiswürfel etwas verwässern.

Eistee Vanille: Einen Aromatee doppelt stark zubereiten, süßen und in einen mit Eiswürfeln halb gefüllten Krug gießen. Vanilleeis in Sektschalen oder hohe Gläser geben und mit dem Eistee auffüllen. Mit Sahne dekorieren und mit Strohhalm und Löffel servieren.

Früchteeistee: Normalen Teeaufguß – eventuell mit etwas Pfefferminze – herstellen und mit Zucker und Zitrone abschmecken. Einige Eiswürfel und kleine Obststücke von Apfel, Ananas, Pfirsich, Kirsche usw. in hohe Gläser geben und den bereits abgekühlten Tee dazugießen.

Kiwibowle: Aromatisierter Kiwitee wird in einen Krug mit Eiswürfeln gegeben. In einer Bowlenschüssel Scheiben von Kiwis schichten, mit Zucker bestreuen und das Ganze mit etwas Weißwein begießen und ziehen lassen. Dann mit Sekt und dem Tee auffüllen.

Kalter Kindertee „Party": Einen Aromatee zubereiten und mit entsprechendem Saft anreichern. Zum Schluß mit etwas Mineralwasser zum „Bitzeln" bringen.

Ananas-Teebowle: Der Saft von 4 Zitronen, 1 Dose Ananasstücke und Ananassaft sowie 200 g Zucker werden mit 1 l starkem, kaltem Tee übergossen. 1 Zitrone kann in feine Streifen geschnitten und in den Tee gegeben werden. Die Bowle wird mit reichlich Eiswürfeln serviert.